Entendiendo el Alzheimer

La oscuridad del olvido.

Autor: Miguel Ángel Aguirre.
Graduado en Psicología
Ilustraciones: Cristina Aguirre Pérez

ÍNDICE

CAPÍTULO UNO

INTRODUCCIÓN A LA ENFERMEDAD DE ALZHEIMER

INTRODUCCIÓN A LA ENFERMEDAD DE ALZHEIMER

Desde principios del siglo XX, la palabra demencia servía para indicar una enorme variedad de trastornos mentales.

De hecho, la demencia es un síndrome que presenta deterioro cognitivo y que interfiere en la capacidad del individuo para llevar a cabo sus actividades diarias de una forma normal e independiente.

La palabra demencia está compuesta por el prefijo *de* (ausencia) *mente* y por el sufijo *ia* (condición). Esto puede ser muy acertado para las fases finales, pero no refleja lo que ocurre en las primeras etapas en las que la enfermedad deriva finalmente en demencia.

Alois Alzheimer describió esta enfermedad en pacientes que presentaban placas y ovillos neurofibriales que desencadenaban en un acusado deterioro neurocognitivo.

Alois Alzheimer

Con el tiempo se evidenció que la aparición precoz del déficit cognitivo avanzaba progresivamente y la sintomatología psiquiátrica y psicológica podía verse complicada por la enfermedad.

En la actualidad, empieza a hablarse más de trastorno neurocognitivo mayor que de demencia.

Criterios para el diagnóstico de demencia de cualquier etiología
(McKhann et al., 2011; Frota et al., 2011)

1. Demencia diagnosticada cuando hay síntomas cognitivos o de comportamientos neuropsiquiátricos) que:

1.1. Interfieren con la habilidad laboral o en actividades usuales.

1.2. Representan deterioro en relación al nivel funcional y al desempeño previo del paciente.

1.3. No pueden ser explicados por delirium (estado confusional agudo) o por otra enfermedad psiquiátrica mayor.

2. El deterioro cognitivo es detectado y diagnosticado mediante combinación de:

2.1. Anamnesis con el paciente e informante que conozca la historia.

2.2. Evaluación cognitiva objetiva, mediante examen breve del estado mental o examen neuropsicológico. El examen neuropsicológico debe ser realizado cuando la anamnesis y el examen cognitivo breve realizado por el médico no sean suficientes para diagnosticar el cuadro con seguridad.

3. Los déficits cognitivos o de comportamiento afectan por lo menos dos de los siguientes dominios:

3.1. Memoria: pérdida en la capacidad para adquirir o evocar informaciones recientes, con síntomas que incluyen: repetición de las mismas preguntas o asuntos, olvido de eventos, citas o del lugar en donde ha guardado objetos personales.

3.2. Funciones ejecutivas: deterioro de la capacidad de razonamiento, dificultad para realizar tareas complejas con síntomas tales como: Mala comprensión de situaciones de riesgo, reducción de la capacidad para manejar finanzas, para tomar decisiones y planificar actividades secuenciales o complejas.

3.3. Habilidades visuales -espaciales, con síntomas que incluyen: incapacidad para reconocer rostros u objetos comunes, para buscar objetos en el campo visual, dificultad para manejar utensilios, para vestirse, que no pueden ser explicadas por deficiencia visual o motora.

3.4. Lenguaje (expresión, comprensión, lectura y escritura), con síntomas que incluyen: dificultad para encontrar y/o comprender palabras, errores para hablar y escribir, con cambio de palabras o fonemas, que no pueden ser explicados por déficit sensorial o motor.

3.5. Personalidad o conducta, con síntomas que incluyen alteraciones del humor (labilidad, fluctuaciones no específicas), agitación, apatía, desinterés, aislamiento social, pérdida de empatía, desinhibición, conductas obsesivas, compulsivas o socialmente inaceptables.

CAPÍTULO DOS

ENTENDIENDO EL CEREBRO

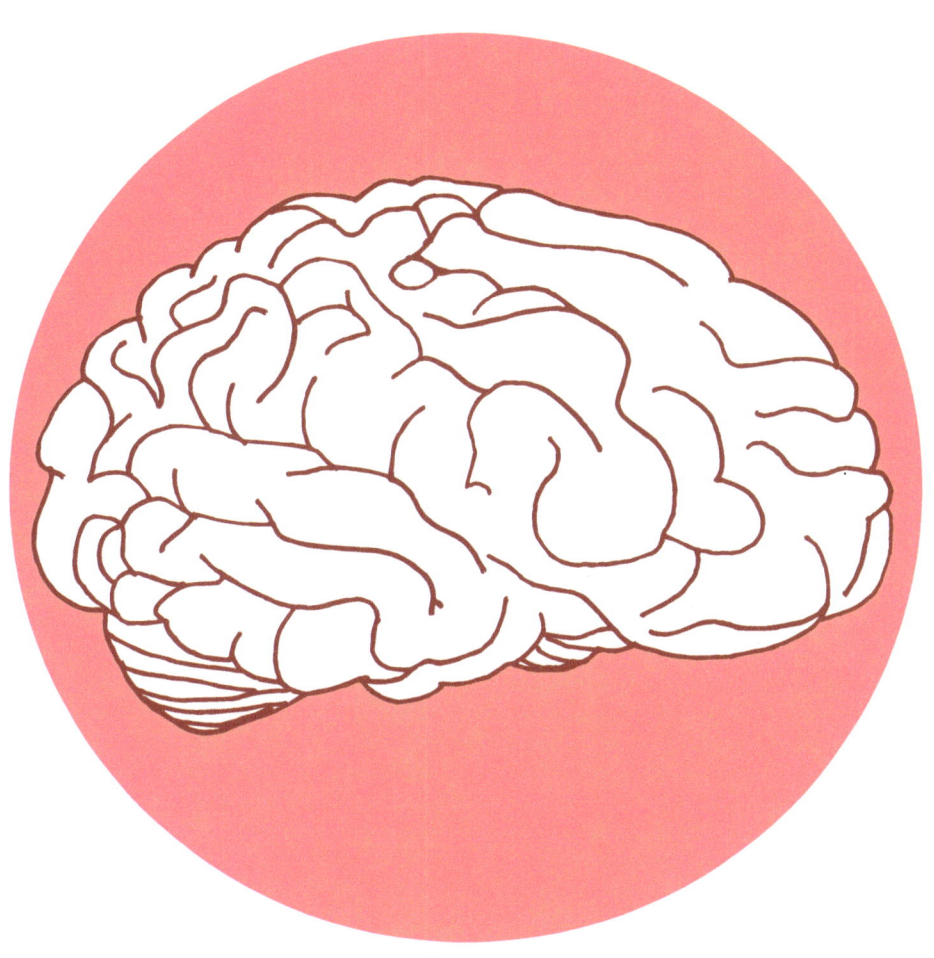

ENTENDIENDO EL CEREBRO

La corteza cerebral es la superfície externa y arrugada de un cerebro, una fina capa del encéfalo denominada corteza. En la corteza podemos identificar determinadas áreas estrechamente relacionadas con algunas funciones. Por ejemplo, algunas áreas interpretan sensaciones de su propio cuerpo (propioceptivas): la vista, el sonido o los olores del exterior.

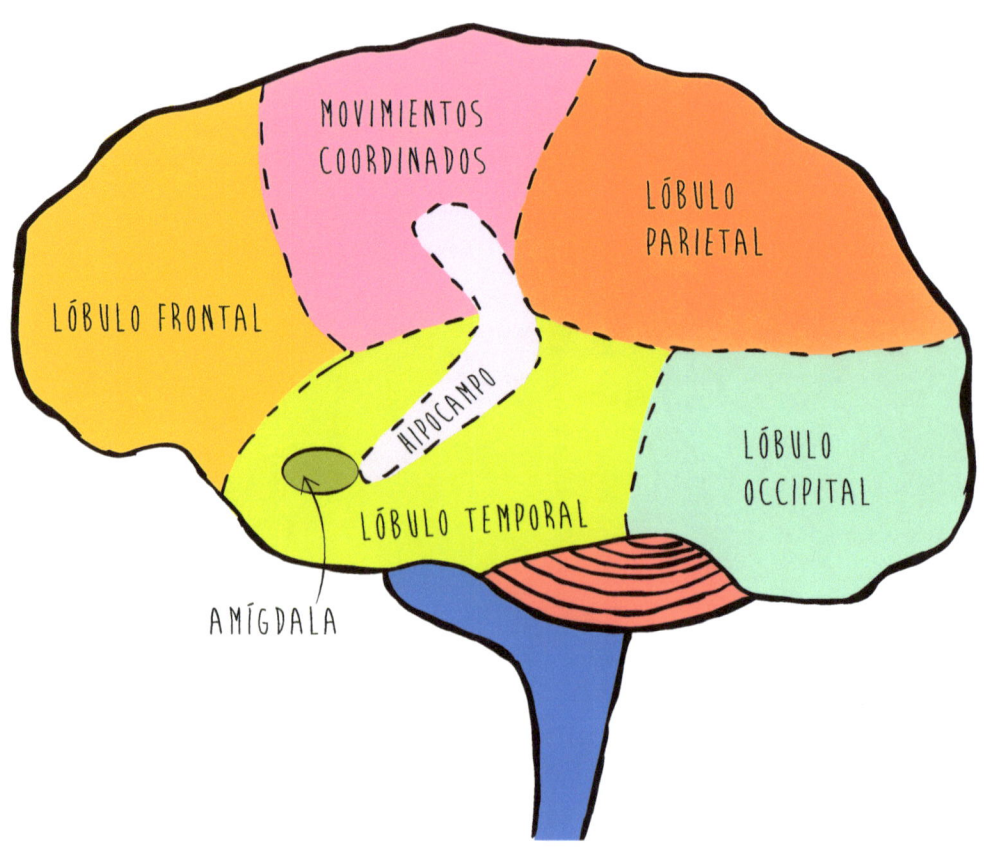

Otras áreas se encargan de almacenar recuerdos, controlar los movimientos voluntarios o resolver problemas y hacer planes.

Hemisferios cerebrales: Nuestro cerebro está dividido en dos mitades. El lado izquierdo y el lado derecho. Las dos partes están conectadas entre sí por el cuerpo calloso. Por regla general:

El lado izquierdo controla el lado derecho del cuerpo y el lado derecho controla el lado izquierdo.

·La **parte derecha** está relacionada con:
La parte no verbal.
Expresar y captar emociones
Intuición
Orientación espacial
Reconocimiento de caras
Suele ser el cerebro creativo
Concreto y operativo
Fantástico y simbólico
Sentimental e imaginativo
Pensamiento horizontal

·La **parte izquierda** está relacionada con:
La parte verbal
El área de Broca está encargada de la producción del habla
El área de Wernicke está encargada de la comprensión del lenguaje.
Suele procesar la información paso a paso y es más analítico.
Realista y formal
Literal, lógico y objetivo
Pensamiento vertical

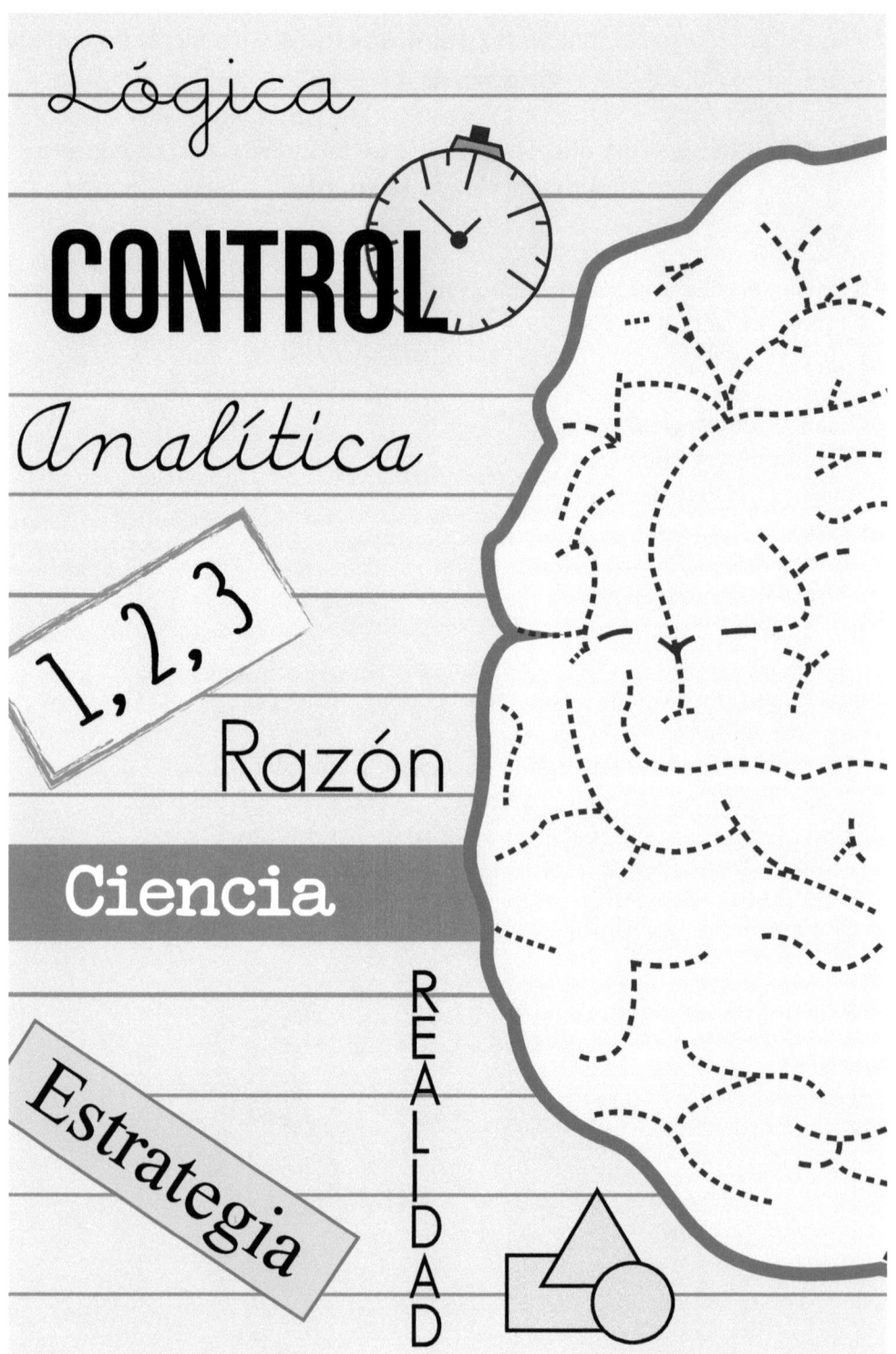

Lógica

CONTROL

Analítica

1, 2, 3

Razón

Ciencia

Estrategia

REALIDAD

9

La red neuronal: Nuestro cerebro está compuesto por unos 100 billones de neuronas conectadas entre sí por ramificaciones que se extienden por más de 100 trillones de puntos. Es parecido a un "bosque de neuronas".

Nuestros pensamientos, acciones o recuerdos se basan en las comunicaciones que establecen estas enormes redes neuronales.

Estas comunicaciones se efectúan en forma de pequeñas descargas eléctricas y se conectan unas a otras mediante sinapsis.

Precisamente, la enfermedad de Alzheimer, lo que destruye son este tipo de células, la forma en la que éstas se comunican y la actividad de los neuro-reguladores.

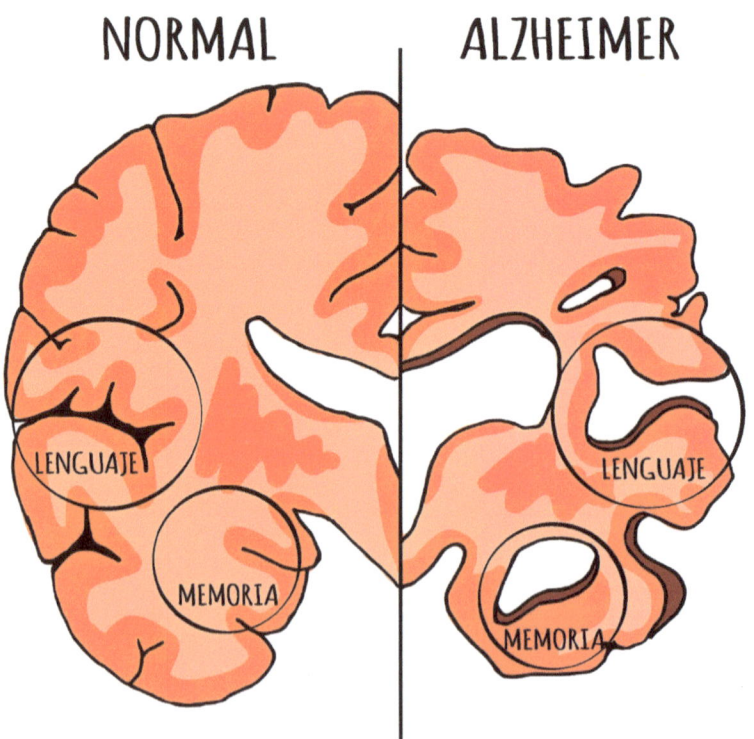

Con el tiempo, la enfermedad destruye neuronas y provoca la pérdida de tejido en todo el cerebro por lo que éste acaba encogiéndose y afectando a sus funciones especializadas.

Por ejemplo, si la corteza que antes hemos mencionado se encoge, dañará las áreas del cerebro encargadas de procesar la información, pensar, recordar, planificar, etc..

Cuando esto se produce además en el hipocampo, se verán afectados los procesos implicados en la formación de nuevos recuerdos.

Una persona con Alzheimer tiene menos neuronas y menos sinapsis que un cerebro normal. También es característico observar la formación de placas que se acumulan entre neuronas e impiden su comunicación.

Las neuronas dañadas o destruidas forman marañas u ovillos de fibras retorcidas de proteínas. La formación de estas placas y marañas es crucial para la identificación de la enfermedad. Las placas y las marañas suelen propagarse por el cerebro de una forma más o menos determinada. La velocidad con la que se produce esta progresión varía en función de cada persona.

Al principio, las placas y las marañas empiezan a formarse en áreas del cerebro especializadas en aprender y en planear.

Con el tiempo, estas placas acabarán afectando a zonas especializadas en la producción y comprensión del lenguaje, en el reconocimiento de caras y objetos, etc..

CAPÍTULO TRES

¿EXISTEN SÍNTOMAS PREVIOS?

¿EXISTEN SÍNTOMAS PREVIOS?

Efectivamente, podemos decir que existen algunas evidencias y advertencias sobre la enfermedad de Alzheimer. Por ejemplo, la *Alzheimer's Association* indica 10 posibles señales.

1.Cambios de memoria que dificultan la vida cotidiana.
Habitualmente en etapas tempranas suele olvidarse la información recientemente adquirida así como fechas o acontecimientos importantes. Suelen pedir la información varias veces y de forma reiterada.

2.Dificultad para resolver problemas o planificar anticipadamente.
Por ejemplo, realizar tareas con números, ejecutar una determinada receta, problemas de concentración..

3.Dificultad para desempeñar tareas que antes eran habituales (ocio, trabajo, casa).
Algunas de estas dificultades pueden ser típicas de la edad. Confundirse de vez en cuando o precisar cierta ayuda para programar la TV, olvidarse del día de la semana pero después recordarlo, no acordarse puntualmente de dónde ha dejado las llaves, etc..

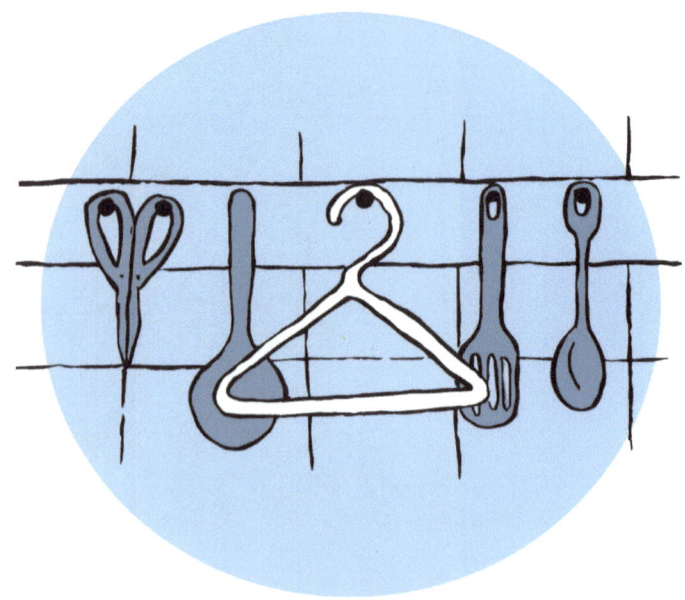

4.Desorientación de tiempo o de lugar.

5.Dificultad para comprender imágenes visuales. Por ejemplo, evaluar distancias, determinar colores y contrastes..

6.Problemas con el uso de las palabras en la comunicación verbal y escrita. Por ejemplo, seguir o participar en una conversación, encontrar la palabra correcta, recordar nombres de personas o calles.

7.Colocar objetos fuera de su lugar habitual. Pueden, con el tiempo, acusar a los demás de robarles.

8.Disminución del buen juicio. Por ejemplo en la toma de decisiones. Pueden llegar a regalar dinero u otros objetos o comprar productos por internet sin atener a un juicio correcto.

9.Falta de iniciativa tanto en actividades sociales como laborales.

10.Cambios de humor o en la personalidad.

Como indican Hernández Fleta y Gutiérrez León *(2011)*, en cada persona, la enfermedad evoluciona de manera diferente pero en general, aparecen dificultades para:

·Recordar hechos recientes, por lo que suelen preguntar varias veces lo mismo.
·Aprender cosas nuevas.
·Adaptarse a nuevas situaciones.
·Expresar sus emociones o sentimientos.
·Mantener una conversación, para utilizar las palabras correctamente o dificultad para encontrarlas por lo que utilizan con frecuencia los determinantes «esto», «eso», «aquello» como sustitutivo.

Debido a que la enfermedad empieza lentamente, muchas personas no saben que la tienen y culpan sus problemas de memoria a la edad, estado anímico, depresión, ansiedad… Sin embargo, con el tiempo sus problemas de memoria se vuelven más incipientes y problemáticos.

Otros síntomas tempranos pueden ser:
·Perderse por la calle
·Perder objetos comunes
·No encontrar objetos
·Dificultad para realizar operaciones matemáticas sencillas
·Pérdida de memoria a corto y largo plazo
·Pérdida de vocabulario
·Cambios de carácter; irritabilidad, falta de iniciativa…

No debemos confundir Alzheimer con un deterioro cognitivo leve o con el envejecimiento normal.
Por ejemplo, en el envejecimiento normal es posible olvidarse del día en el que se encuentra o qué palabra utilizar pero no perder la noción del tiempo, fecha, época del año o tener problemas para mantener una conversación.
Progresivamente se van evidenciando dificultades en la lectoescritura.
En la fase inicial de la enfermedad, la lectura se caracteriza por una verbalización más o menos correcta y sin errores. A medida que avanza se va degradando la capacidad de verbalización y comprensión.

En cuanto a la escritura, conforme avanza la EA, se reducen las capacidades gráficas.

Las agnosias visuales son típicas en los estados más avanzados. Al principio con personas menos cercanas o conocidas pero a medida que pasa el tiempo, tendrá dificultades para reconocer a sus cuidadores o su propia cara en el espejo.

Las funciones ejecutivas, definidas generalmente como la capacidad de transformar los pensamientos en acción, se manifiestan como *(Arango Lasprilla et al., 2003)*:

·La habilidad de iniciar, modular o inhibir la atención y la actividad mental.
·La habilidad para interactuar con otros productivamente en discusiones y conversaciones.
·La habilidad para controlar la conducta dirigida al resultado.

Personalidad y comportamiento: En la fase inicial se suele observar un mayor retraimiento social y un desinterés por sí mismo y por el entorno. También pueden aparecer ideas delirantes, episodios de confusión e incluso la indiferencia hacia otras personas.

CAPÍTULO CUATRO

PREVENCIÓN

PREVENCIÓN

Según la Sociedad Española de Neurología, mantener unos hábitos saludables puede reducir el 40% de los casos de Alzheimer.

En un estudio llevado a cabo por *Evans et al. (1997)* sobre 642 personas, llegaron a la conclusión que existía una cierta correlación entre padecer Alzheimer y marcadores como la educación, prestigio profesional o ingresos siendo el factor educativo el más importante.

Por tanto, puede existir una mayor correlación entre la estimulación de las capacidades cognitivas a lo largo de la vida y una mayor resistencia a padecer la enfermedad.

La suplementación vitamínica como la Vitamina E, o las vitaminas C y E (juntas), así como la vitamina B12, ayudan a reducir el riesgo de Alzheimer por lo que la dieta puede ser un excelente aliado.

Si algo es bueno para el corazón, es bueno para el cerebro.

Una cierta actividad cognitiva también ayuda a mantener en mejores condiciones nuestras conexiones neuronales. Así, puede ser recomendable, tocar algún instrumento, aprender un nuevo idioma, estudiar, leer, hacer crucigramas, puzles, ajedrez, relacionarse con otras personas, bailar, cantar…

Algunas recomendaciones que también pueden ser de utilidad tanto en la prevención como en la etapa de tratamiento:

LLEVAR UNA VIDA SALUDABLE

constante

Aumentar el consumo de frutas y vegetales

Reducir las comidas altas en grasas y colesterol

Dormir adecuadamente

Evitar el consumo de alcohol y tabaco

Llevar un consumo regular de pescado azul, frutos secos o manzanas.

CAPÍTULO CINCO

PLASTICIDAD NEURONAL

PLASTICIDAD NEURONAL

La plasticidad neuronal o neuroplasticidad puede ser nuestro mejor aliado en la lucha contra la enfermedad de Alzheimer.

Es la capacidad que tienen las neuronas de nuestro cerebro para reorganizar y crear nuevas conexiones entre sí.

Por lo tanto, uno de sus objetivos es suplir las carencias funcionales a una determinada lesión o pérdida de conexiones entre neuronas.

Imagine que usted sale de su casa y se dirige, por ejemplo, a su oficina. Generalmente realizará siempre el mismo itinerario (el camino más corto), pasará por las mismas calles conocidas y todo será bastante previsible. Incluso parte del trayecto lo hará de manera automática.

Pero ¿qué sucede si un día, una de las calles está cortada? Tal vez necesite reorganizar su mapa mental para decidir qué itinerario seguir.
Quizás el trayecto sea más largo pero es posible que llegue a su destino.

Algo parecido ocurre con nuestras conexiones neuronales. Un determinado recuerdo está unido por redes neuronales conectadas entre sí. Si esas redes sufren algún tipo de lesión, con el debido entrenamiento podemos conseguir que otras neuronas se reconecten para ofrecen una nueva red neuronal.

Estas nuevas conexiones asumirían el papel de las neuronas lesionadas.

La Organización Mundial de la Salud (1982) define el término neuroplasticidad como "la capacidad de las células del sistema nervioso para regenerarse anatómica y funcionalmente, después de estar sujetas a influencias patológicas ambientales o del desarrollo, incluyendo traumatismos y enfermedades".

En la enfermedad de Alzheimer las pérdidas neuronales son muy superiores a las pérdidas del envejecimiento normal. Gracias a un adecuado entrenamiento cognitivo diario podemos lograr fortalecer las nuevas conexiones en detrimento de las que se van perdiendo. Por ello, es de suma importancia la realización sistemática de ejercicios que ayuden a mantener nuestra memoria. Mantenerse activo mental e intelectualmente ayudará a proteger la memoria y otras funciones cognitivas.

En consecuencia, existen evidencias de que el entrenamiento cognitivo y la práctica pueden revertir algunos aspectos del declive cognitivo relacionado con la edad *(Teri et al., 1997)*.

La estimulación celular actúa como potenciador de la plasticidad cerebral. *Swaab (1991)* ya sugería que la estimulación de las células ayuda al mantenimiento de dichas células durante el envejecimiento. "Úsalo o piérdelo".

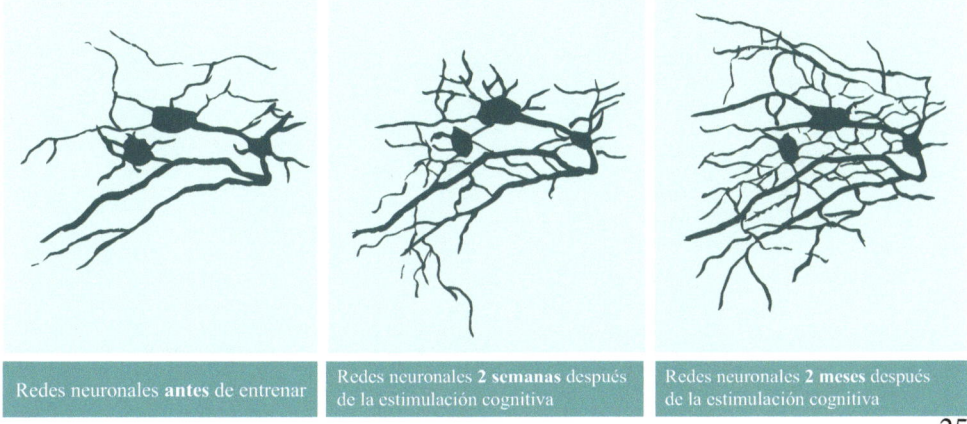

Redes neuronales **antes** de entrenar

Redes neuronales **2 semanas** después de la estimulación cognitiva

Redes neuronales **2 meses** después de la estimulación cognitiva

CAPÍTULO SEIS

TRATAMIENTOS

TRATAMIENTOS

Independientemente de los diferentes tratamientos farmacológicos, nos centraremos principalmente en los tratamientos neuropsicológicos y terapias cognitivas. No obstante, se están produciendo avances significativos en el terreno farmacológico para controlar esta enfermedad.

Como hemos visto, la plasticidad neuronal puede ayudarnos a ralentizar y a amortiguar los efectos de la enfermedad. Por esa razón es muy importante empezar cuanto antes y en las etapas más tempranas.

Algunas terapias existentes:

·Terapias para mejorar la cognición
·Actividades de la vida diaria
·*TOR*. Terapia de orientación a la realidad
·Reminiscencia
·Estimulación neurosensorial
·Terapia con música y psicomotricidad
·Terapia recreativa
·Fisioterapia y ejercicio físico
·Terapias para cuidadores y familiares

Terapias para mejorar la cognición:

Los programas para la rehabilitación cerebral tienen por objeto mejorar la plasticidad neuronal mediante la estimulación cognitiva.

Estos programas y terapias pueden realizarse de forma individual o grupal. Diferentes estudios demuestran que los pacientes que han seguido este tipo de terapias mejoraron de manera específica sus capacidades cognitivas, en concreto mejoraron su aprendizaje verbal y visual mediante el entrenamiento en estrategias de memoria.

Actividades de la vida diaria.
Son las actividades que todo individuo realiza a diario. Estas actividades pueden dividirse en:

·**Básicas:** Referidas al autocuidado y movilidad.
·**Instrumentales:** Uso del transporte público, gestiones en el banco, pagar, comprar, preparación de la comida o toma de medicación.
·**Volitivas:** Relacionadas con el trabajo o el ocio, estilo de vida, deseo de hacer cosas…

El entrenamiento en este tipo de actividades ayuda de manera significativa a reforzar lo que ya saben o conocen y evitar su pérdida. Es recomendable practicar todas estas actividades de forma rutinaria y diaria y actuar como soporte al paciente.

El/la cuidador/a debe actuar como evaluador del desempeño del paciente reforzando aquéllos aspectos más débiles para fomentar su autonomía. Para ello, puede intervenir sobre los hábitos y tareas que el paciente ejecuta a diario.

Puede llevar también un registro de las actividades que realiza el paciente y cómo las ejecuta para poder evaluar si el paciente avanza o retrocede en un determinado proceso.

También se pueden realizar ejercicios de simulación tanto individuales como grupales donde el paciente debe, por ejemplo, simular una determinada compra, pagar o devolver el cambio, etc.

A esta terapia podríamos dedicar entre 30 y 60 minutos/día.

TOR. Terapia de orientación a la realidad:

Esta terapia tiene como objetivo que la persona sea consciente de su situación espacial y temporal y posibilita que esté más atenta al entorno que le rodea, favoreciendo así una cierta sensación de control y autoestima.

Se trabajan principalmente procesos para reforzar la atención y representación visual, verbal o auditiva del entorno así como la vigilancia, la memoria de recuerdo a corto plazo y fijación o la memoria episódica (recuerdos, festividades..).

Para ello, se pueden emplear elementos visuales como calendarios que le recuerdan a la persona en qué día se encuentra, qué actividad está realizando según la hora del día, etc.. De esta manera se reduce su nivel de confusión a la vez que reforzamos y repetimos la información que le ayuda a ubicarse en su entorno.

También pueden realizarse actividades grupales utilizando la terapia TOR. En esas terapias se empieza indicando en día de la semana, mes y año en el que se encuentran, lugar, hora, nombre de los asistentes y se puede continuar hablando de sucesos o acontecimientos locales, políticos, deportivos...

Reminiscencia como terapia:

La memoria episódica visual suele verse afectada en las fases iniciales de la enfermedad de Alzheimer. Se centra principalmente en evocar recuerdos pasados y episódicos de la persona que le permitan traer al presente hechos y acontecimientos pasados. En esta terapia, además de movilizar la memoria a largo plazo también participa el lenguaje expresivo, la atención focalizada o la memoria semántica (palabras).

Se pueden emplear fotografías o vídeos, artículos de periódicos, grabaciones, conversaciones. Se trata de reactivar sus recuerdos y reforzar su identidad personal.

Estimulación neurosensorial:

Suele emplearse en las fases más avanzadas de la enfermedad y tiene por objeto lograr una máxima conexión con su entorno y aumentar sus niveles de alerta. Se presentan estímulos sensoriales (olores, sabores, colores, estímulos táctiles..) para que la persona los identifique.

Algunos estudios, como los de Fernández-Calvo (2011) demuestran que el uso de nuevas tecnologías y aplicaciones para la estimulación cognitiva como juegos específicos de memoria, ofrecen resultados más efectivos que los programas de estimulación cognitiva tradicional.

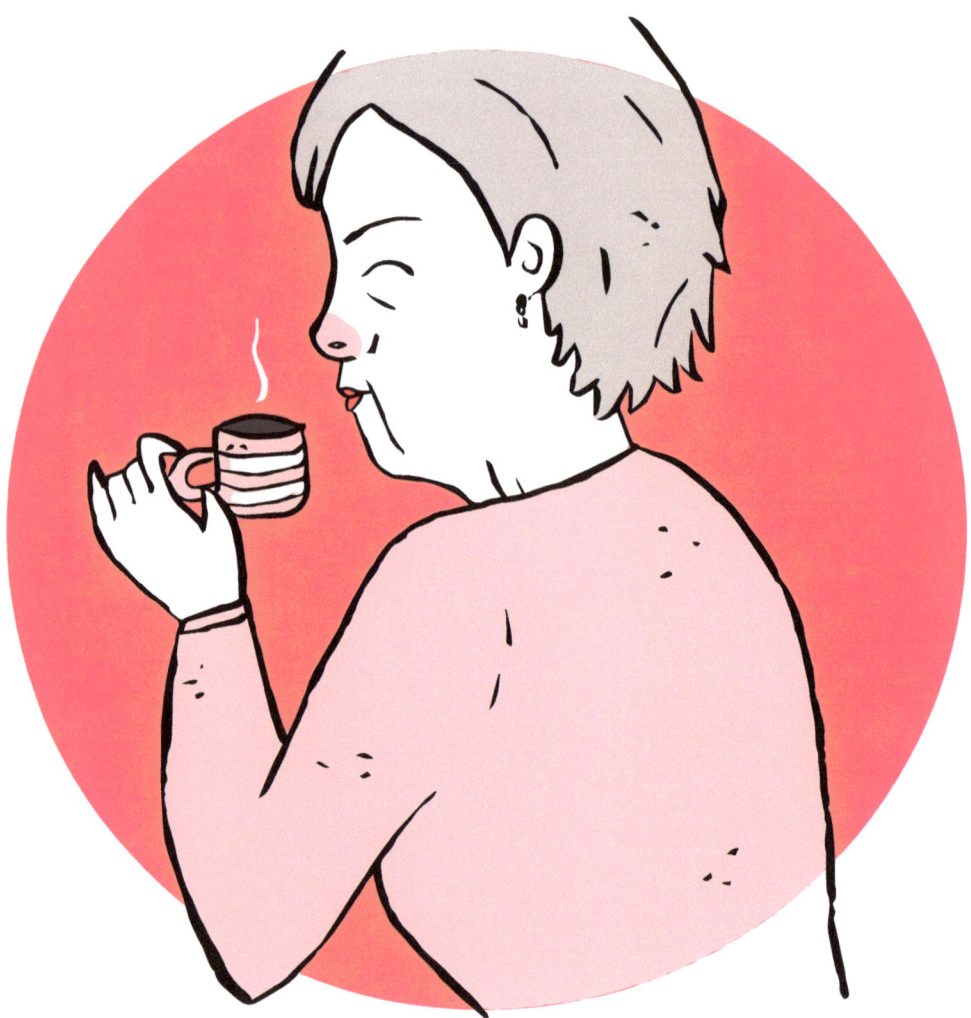

Terapia con música y psicomotricidad:

Ayuda a mejorar las capacidades comunicativas y emotivas a la vez que se potencian conductas sociales con otras personas. También mejora el grado de concentración, la atención focalizada y la motricidad que exige tocar un instrumento.

Terapia recreativa:

Se emplean dinámicas activas, participativas e informales para fomentar los aspectos cognitivos, físicos y emocionales mientras se trabajan los aspectos sociales. Por ejemplo, juegos de mesa como el parchís, ajedrez, damas, juegos de cartas o manualidades, bordados, carpintería, dibujo y pintura, etc.

Fisioterapia y ejercicio físico:

El ejercicio físico moderado y regular es útil para los trastornos neurodegenerativos. Diferentes estudios demuestran una mejoría en los pacientes que durante 3-4 meses han realizado ejercicio de manera diaria. Si los ejercicios se realizan en grupo, la mejoría es mayor tanto en el plano físico como cognitivo y social.

En este sentido la danzaterapia puede ser una buena excusa para fomentar la interacción con otras personas y el ejercicio físico.

Como señala Ochoa *(Ochoa, 1996; Hernández Fleta y Gutiérrez León, 2011)*
Se recomienda estimular cognitiva y afectivamente al enfermo con las siguientes técnicas:

·Entrenamiento de memoria. Completar frases, adivinanzas, refranes, reconocer personas, asociar parejas..
·Técnicas de orientación a la realidad. Repetirle diariamente el día de la semana, la hora, fecha, datos de la familia, ubicación de objetos…
·Musicoterapia. Que escuche música. Que baile o cante.
·Reminiscencias. Recordar su autobiografía, anécdotas, historias, recuerdos de infancia.
·Refuerzo positivo. Reforzar lo que hace bien.
·Ergorterapia. Actividades manuales, juegos con pintura, costura, barro…
·Estimulación social. Hablar con amigos, recibir visitas..
·Ejercicio físico.
·Modificación del entorno para adaptarlo a sus necesidades.

Estado de ánimo del cuidador

No podemos olvidar la importancia del/la cuidadador ya que su estado anímico influye en el paciente tanto de forma positiva como negativa.
Por otra parte, cuidar de otra persona comporta unos niveles de estrés y de ansiedad que deben ser tenidos en cuenta.

Pueden establecerse sesiones grupales con cuidadores donde manifiestan sus preocupaciones, sentimiento y emociones para aliviar su estrés. También se pueden establecer sesiones individuales. No obstante, desde un punto de vista pragmático estos servicios para los cuidadores no siempre están disponibles. El cuidador debe de ser consciente que el hecho de cuidar de otra persona no implica renunciar a su propia vida ni debe ser entendido como un sacrificio.

Cada día comporta nuevos retos y desafíos en tanto la enfermedad evoluciona y varía continuamente.
Existen riesgos reales de que la persona cuidadora desarrolle algún tipo de depresión o de ansiedad si no recibe el soporte de otros familiares, amigos o profesionales.

Algunas sugerencias para los/as cuidadores/as:

·Pregunte todo lo que desee saber al profesional. Pida que le indique cómo manejar situaciones difíciles con el paciente.

·Póngase en contacto con alguna asociación local o cercana que pueda proporcionarle algún tipo de ayuda o soporte.

·Contacte con otros cuidadores para compartir experiencias y estrategias.

·Procure ser flexible en las rutinas que establece con su paciente. Como hemos indicado, la enfermedad progresa y evoluciona y también el comportamiento de la persona.

·En su proceso de comunicación con el paciente, utilice un lenguaje sencillo y tranquilo. No grite. El paciente no tiene por qué estar sordo.

·Cuando se dirija al paciente, evite posibles distracciones. Por ejemplo, si le está diciendo algo importante establezca contacto visual, tómele la mano mientras le habla y desconecte la radio o el televisor.

·El momento del baño puede ser un momento de confusión para el paciente. Intente hacerlo en los momentos en los que se encuentre habitualmente más tranquilo y calmado. Intente que la persona haga por sí misma todo lo que pueda.

·Las rutinas pueden ser útiles en el sentido de que le proporcionan al paciente un cierto margen de seguridad. Por ejemplo, levantarse a una misma hora (más o menos), vestirse, asearse, desayunar, pasear, comer, hacer la siesta, merendar, salir a pasear…

·Procure establecer un ambiente tranquilo y silencioso durante la comida para evitar distracciones y confusiones.

·A veces, las actividades más sencillas son las mejores. No espere demasiado del paciente ni le exija más de la cuenta.

·Intente que participe en las actividades y rutinas diarias. Por ejemplo, colaborando en hacer la comida, vistiéndose solo, comprando en el supermercado, etc.

·Organice la ropa en el orden en que deba ponérsele para evitar confusiones.

·Incontinencia. A medida que avanza la enfermedad este problema se suele agravar. Programa intervalos en los que debería ir al lavabo. No espere a que se lo pida.

·Asegúrese que la persona lleve encima siempre algún tipo de identificación por si se pierde.

·Conserve alguna fotografía reciente por si debe utilizarla para que la policía pueda buscarlo.

·Hable con sus vecinos de confianza e indíqueles que le avisen si lo ven deambulando, perdido o confuso.

·Evite las cerraduras interiores del cuarto de baño o de las habitaciones para evitar que la persona se encierre sin querer.

·Intente mantener su vivienda ordenada. El caso solo produce confusión.

·Procure continuar con sus celebraciones familiares y tradicionales e intente que la persona participe.

·Sea realista en cuanto a lo que usted puede hacer. Es probable que tenga sentimientos de impotencia, pero no sea demasiado exigente consigo mismo.

·Intente encontrar tiempo para usted. Esto es muy importante. Si el cuidador no está al 100% repercutirá en el propio cuidador y en el paciente. Procure disfrutar de sus aficiones.

·Ante comportamientos erráticos, comprenda que la persona no está actuando así por voluntad. Puede ser que experimente confusión, agresividad o con comportamientos imprevisibles. Quizás le moleste la ropa, el ambiente ruidoso, una situación o lugar desconocido. Examine su comportamiento ¿Qué fue lo primero que ocurrió? ¿Cuál ha sido el desencadenante?

·Agresividad. A veces, el dolor puede hacer que la persona con Alzheimer reaccione de forma agresiva. Hable lentamente y con un tono suave. Si usted pierde los papeles poco ayudará al paciente. Si una determinada actividad es la que ha causado su agresividad cambie de actividad y realice otra más relajante o tranquila.

·No abrume a la persona con las explicaciones.

·No se tome las reacciones del paciente como algo personal.

·Evite criticar o corregir. Eso solo provocará mayor confusión y ansiedad.

·No discuta. Es posible que el paciente diga o haga cosas que no le gusten. Por ejemplo, suelen tener sospechas infundadas de que le están robando o engañando.

·Llame a la persona por su nombre.

·Cuando se dirija a ella por primera vez identifíquese por su nombre.

Si el paciente tiene problemas de audición no es necesario que le grite. Acérquese, mírele a los ojos y háblele.

·No quiera hacerlo todo solo/a. Busque ayuda.

CAPÍTULO SIETE

Ejercicios

EJERCICIOS

Muchos de estos ejercicios son ideas que usted puede ir adaptando, ampliando o modificando. El propio paciente, en etapas tempranas puede ir variando los ejercicios pero también puede hacerlo su cuidador/a.

Es importante que una persona guíe al paciente durante la realización de los ejercicios para evitar el abandono, la frustración y reforzar la conducta positiva. Si es posible, también es aconsejable que la persona que le acompaña durante los ejercicios sea siempre la misma para comprobar día a día cómo evoluciona y qué tipo de ejercicios debería reforzar.

Pero también es importante fomentar la interacción con otras personas y favorecer su comunicación más allá del/la cuidador/a habitual.

El objetivo es que tenga en cuenta que es necesario seguir ejercitando el cerebro cada día, de forma rutinaria y qué tipo de ejercicios podrían recomendarse.

Los estudios llevados a cabo por *Cassinello, M. D. Z., Mestre, L. T., & Fernández-Ballesteros, R. (2008)* sobre Plasticidad cognitiva en personas con la enfermedad de Alzheimer que reciben programas de estimulación cognitiva, indican que el entrenamiento cognitivo es un medio paliativo eficaz de la enfermedad de Alzheimer y que algunos sujetos han desarrollado su capacidad de aprendizaje por lo que sería posible un incremento de la reserva cognitiva de aprendizaje en personas con esta enfermedad.

En internet pueden encontrarse numerosos recursos gratuitos que podemos utilizar con nuestro paciente. Solicite información a su terapeuta sobre qué ejercicios son más adecuados en función de la etapa en la que se encuentre. Puede buscar "ejercicios memoria", "ejercicios atención", "juegos de memoria", "gimnasia cerebral", juegos de razonamiento/abstracción/lenguaje etc.

ESTIMULACIÓN COGNITIVA

ejercicios

- Lea una noticia en alguna revista que le haya gustado y elabore un resumen.

- Elabore una lista de utensilios de cocina.

- Elabore una lista de países europeos.

- Elabore una lista de objetos de metal.

- Elabore una lista de herramientas.

- Escriba desde el número 34 hasta el 100 de dos en dos:
  Ejemplo; 34, 36, 38 ...

- Seleccione una noticia de una revista cualquiera.
  Marque la letra P, en todas las palabras del texto.

- Seleccione una noticia de una revista cualquiera.
  Marque la letra M, en todas las palabras del texto.

- Escriba todas las palabras que se le ocurran que empiecen con la letra M.
  Tiempo: 1 minuto. Haga este ejercicio a diario y anote los resultados.

- Seleccione una noticia y señale todas las letras V del texto.

- Realice las siguientes operaciones:

  21+2+6+2+8=

  5+8+7+8+9+3=

  2+1+8+3=

ejercicios

- Si paga la compra con un billete de 10 euros y le devuelven 4 ¿Cuánto le ha costado?

- Haga una redacción de media página sobre las últimas vacaciones agradables que recuerde.

- Fíjese en el primer grupo de números y tache el que esté repetido:

  37102 - 37112 37102 37002 37202

- Observe una fotografía de una revista o de su álbum de fotos. Indique en voz alta todo lo que está viendo (personas, objetos, situaciones)

- Con las palabras siguientes escriba tres frases: Maceta, Ventana:

- Escriba palabras que empiecen por MA. En un minuto.

- Escriba palabras que empiecen por CA. En un minuto.

- Escriba la receta de un plato de cocina.

- Fíjese en los números siguientes y escríbalos de forma inversa. *Ejemplo; 2564=4652*

  | 4589= | 2612= | 3018= | 5498= |
  | 8795= | 1315= | 2812= | 4750= |

- Mire a su alrededor y elija dos objetos. A continuación intente dibujarlos.

- Mire con atención este dibujo durante un minuto. Observe todos sus detalles. Luego, cierre los ojos e intente imaginarlo de nuevo.

• *ejercicios* •

- Escriba un pequeño resumen de las cosas que hizo ayer. Para hacerlo, piense qué día de la semana era y qué suele hacer ese día de la semana. Si fue un día especial, escriba por qué.

- Haga un resumen de la última película o serie que ha visto.

- Observe la habitación en la que se encuentra y diga en voz alta todo lo que está viendo.

- Diga en voz alta el nombre de todos los países que recuerde.

- Usted va a la compra con 10 euros y gasta 5 euros con 40 céntimos, **¿Cuánto dinero le devuelven?**

- Haga un breve resumen de las cosas que tiene pensado hacer esta tarde.

- Recuerde unas fiestas navideñas agradables y escriba todo lo que pasó. Cuántas personas había, qué regalos, qué comieron, donde fue, etc.

- Fíjese en el primer grupo de letras de cada línea y rodee con un círculo el que esté repetido en la misma línea.

> *Ejemplo:* **MNMLL** = MNMLM – MNLMN – (MNMLL) – MLNMN

LPLLP = LPLPL - LPLLP - LLPPL - PLLPL

SSSFS = SSSSF - SSFSS - SSSFS - SFSSS

OVVVO = OVVOV - OVVVV - VOOVO - OVVVO

CCUCU = CUCUC - CCUUC - CCUCU - UCUCC

ZGGZG = ZGGZG - ZGZGG - GZZGZ - ZGGZZ

JMMJM = JMJMM - JMMJM - MJJMJ - JMJJM

ejercicios

- Escriba 10 palabras que tengan relación con las vacaciones. *Por ejemplo, sombrilla.*

- Explique un deseo que le gustaría que se cumpliera próximamente. Puede ser para usted o para su familia.

- Escriba 10 nombres de objetos de madera.

- Escriba 6 nombres de persona que empiecen por A.

- Elija una noticia de un periódico o revista y cópiela.

- Escriba 12 nombres de animales.

- Escriba 12 nombres de frutas.

- Escriba 30 comidas.

- Escriba los días de la semana a la inversa.

- Escriba los meses del año a la inversa.

- Escriba las estaciones del año a la inversa.

- Intente memorizar el nombre de estas ciudades durante un minuto y luego dígalas en voz alta.

Madrid – Barcelona –París –Salamanca – Granada – Ibiza – Zaragoza

• ejercicios •

- La capital de España es ....
- El animal que maúlla es ....
- La Navidad se celebra en el mes de ....
- El árbol que da cerezas es el ....
- Las gallinas son ....
- El abeto es un ....
- El olfato es uno de los cinco ....
- El idioma que se habla en Francia es el ....
- Las patatas son ....
- La fruta que comieron Adán y Eva fue ....
- El verano empieza en el mes de ....
- Brasil está en el continente ....
- La quinta letra del abecedario es ....
- El tercer día de la semana es ....
- El quinto mes del año es ....
- La madre de su madre es su ....

ejercicios

- Explíquele a alguien lo que recuerde de:

  Su niñez

  Su juventud

  La casa donde vivió de pequeño/a

  Su primer/a hijo/a

  Su primer trabajo

  Su primer/a novio/a

  El barrio/pueblo donde residía

  Sus amigos de clase

  Su profesor/a preferido/a

  Las Navidades cuando era pequeño/a

  Su etapa laboral

  Su primera mascota

ejercicios

- Tache todas las letras **b** que encuentre en la lista:

1 b p d p d d p b p d
2 b d d b p p b b d p
3 p b p d b d b d b b
4 b p d p p p b b p p
5 d b p b b d d p b d
6 b p d p d p d p p p

- Tache todos los números 7:

1 7 4 7 4 3 7 7 3 7 1 7 7 4 4 3
2 7 4 3 7 7 7 4 7 3 7 3 7 3 7 3
4 7 3 7 4 7 3 7 1 4 7 3 2 3 3 1
1 7 2 4 1 4 7 3 2 1 7 4 7 1 4 7
7 3 4 7 7 3 7 1 4 7 2 2 4 7 7 2
7 4 7 7 4 7 1 4 7 1 4 4 2 2 3 3
7 3 7 1 4 7 4 7 7 2 2 3 4 7 7 2

- Tache todos los números 8:

9 8 4 0 9 0 4 3 8 9 4 0 2 8 3 9
6 0 8 3 6 8 0 6 4 3 8 3 6 0 9 8
9 3 8 2 0 4 9 8 3 4 0 8 6 3 9 4
4 6 4 4 6 8 6 6 8 3 3 4 9 4 4 9
6 6 8 9 3 2 0 0 2 8 0 2 6 8 0 3
3 3 4 2 8 6 6 9 4 2 3 3 3 4 8 0
6 6 6 8 9 2 3 0 0 0 4 3 2 8 6 4

50

ejercicios

• Ejercicio de **percepción:**

Haga un camino para que el perro encuentre su comida:

• Ejercicio de **asociación:**

Enlace con una flecha los objetos que estén relacionados entre sí:

• Ejercicio de **atención:**

Ponga un **1** debajo de la carita

Ponga un **2** debajo de la carita

- Observe el dibujo que aparece en la izquierda.
  Cópielo en el recuadro de la derecha:

• Observe el dibujo que aparece en la izquierda.
  Cópielo en el recuadro de la derecha:

- Observe el dibujo que aparece en la izquierda.
Cópielo en el recuadro de la derecha:

• **ejercicios** •

• Marque en el reloj las siguientes horas:

Hora en este momento

Hora del desayuno

Hora de la comida

Hora de la cena

- Debajo de ⭐ ponga un **1** y debajo de ☁ ponga un **2**

ejercicios

- Señale todos los objetos iguales a la muestra:

☆ 🏠 🐟 ☆ 🏠 ☆ 🏠

🏠 ☆ 🏠 ☆ 🐟 🐟 🏠

🏠 🏠 🐟 ☆ ☆ 🏠 🏠

☆ 🐟 🏠 ☆ 🏠 ☆ 🐟

☆ 🏠 🏠 🐟 ☆ ☆ 🏠

☆ 🏠 🐟 ☆ 🏠 ☆ 🏠

🐟 🏠 🏠 ☆ 🐟 🐟 🏠

🏠 🏠 🐟 ☆ ☆ 🏠 🏠

- Observe con atención la siguiente lista de la compra durante un par de minutos:

LECHE

CAFÉ

ZUMO DE MANZANA

MACARRONES

AGUA

GALLETAS

PIMIENTOS

TOMATES

GAZPACHO

CHOCOLATE

POLLO

PESCADO

Transcurrido el tiempo, anote todos los productos que recuerde.

• Indique qué sucede en este dibujo. Qué objetos aparecen, etc.

- Muéstrele una serie de objetos y luego pídale que le explique para qué sirve cada uno.

- Sobre una mesa coloque 5 objetos. Dígale que intente recordar cuáles son esos objetos. Luego cambie alguno sin que la persona lo vea y pregúntele si ve alguna diferencia.

- Dígale que imagine que va a pasar un día en la playa con su familia. ¿Qué cosas debería llevar?

- Ejercicio con monedas. Prepare monedas de diferente valor.

  Dígale que le pague un producto cuyo precio es de 35 céntimos. Observe cómo cuenta las monedas y cómo realiza los cambios. Puede hacerle preguntas como:
  ¿Si vale 30 céntimos y me pagas con un moneda de 50, cuánto tengo que devolverte?

- Escriba frases que contengan como mínimo 2 de estas palabras:

  Coche-Pueblo-Bonito-Personas-Semáforo

- Complete la siguiente serie añadiendo 2 números:

  2,4,_,_,_ ,_,_ ,_,_ ,_,_ ,_,_ ,_,_ ,_,_ ,_,_

  3,5,_,_,_ ,_,_ ,_,_ ,_,_ ,_,_ ,_,_ ,_,_

• Muéstrele una fotografía con 3 o 4 personas conocidas.
Dígale que recuerde todos los detalles posibles de la imagen.
Puede tomarse el tiempo que necesite. Pregúntele:

- ¿Quién estaba a la izquierda de la foto?
- ¿Quién estaba a la derecha?
- ¿Quién estaba en el centro?
- ¿Qué vestimenta llevaba cada uno?

• Explíquele que van a hacer un ejercicio sobre sus datos biográficos.

- ¿Cómo se llama?
- ¿Dónde vive?
- ¿Qué día es hoy?
- ¿Tiene hijos?
- ¿Dígame su número de teléfono?
- ¿Dígame su dirección completa?
- ¿Cuántos años tiene?
- Su fecha de nacimiento es…
- ¿Dónde nació?
- ¿Qué estudios tiene?
- ¿En qué ciudad vive?
- ¿Cómo se llaman sus nietos/as?
- ¿Cuál era su profesión?

• Dígale que quiere que memorice un recorrido que usted hará.

*Me levanto de la silla, voy hasta la puerta, enciendo la luz,
voy hasta la mesa y me vuelvo a sentar.*

Ahora pídale que haga el mismo recorrido o que le indique qué
pasos seguir en el caso de que tenga algún problema físico que
le impida realizarlo.

ejercicios

- Lea las siguientes frases y pida que las repita:

  - Antonio es camarero y trabaja en un bar de Barcelona.
  - Nevó toda la noche y tuvimos que poner las cadenas al coche.
  - No estoy seguro si he pagado el recibo de la luz.
  - En Navidad me regalaron una nevera grande.
  - Hace tiempo que no voy a un concierto con mis amigos.

- Dígale que van a realizar un ejercicio de memoria paso a paso y deberá recordarlos.

  - Entréguele un objeto (por ejemplo una cuchara).
    Dígale que la envuelva en un papel y que luego la introduzca dentro de una caja. Pasados un par de minutos pregúntele:

    ¿Qué hay dentro de la caja?

    Repita este ejercicio con otros objetos.

  - En una mesa coloque y disponga una serie de objetos.
    Algunos objetos pueden ser usuales y conocidos pero es recomendable que añada algún objeto menos conocido.
    Dígale que observe atentamente los objetos y cómo están colocados y que será necesario que los recuerde.
    Puede hacerle una fotografía con su teléfono móvil para posteriormente evitar confusiones. Ahora pregúntele:

    ¿Qué objetos había sobre la mesa?

    ¿Recuerda cómo estaban colocados?

    Puede ayudarle aportándole alguna pista como ¿había algún objeto para beber?. También puede hacer variaciones del ejercicio por ejemplo colocando diferentes tipos de fruta.

- Muéstrele una serie de fotos donde aparezca con otras personas. Puede hacerle preguntas del tipo:

  - ¿Dónde se hizo esta foto?
  - ¿Cuándo se hizo esta foto?
  - ¿Quiénes son estas personas?
  - ¿Recuerdas sus nombres?

- Léale algunas palabras y pídale que las deletree

  - Casa
  - Pueblo
  - Televisor
  ...

- Dígale que va a realizar un ejercicio de memoria en el que deberá recordar una breve historia. Después de leer el texto, hágale preguntas. Puede leerle el texto varias veces.

  - *Don Juan era un señor que vivía en Málaga. Tenía 54 años y tres hijos. María, Antonio y Helena. Su mujer se llamaba María.*

  Preguntas:
  - ¿Cómo se llama el marido?
  - ¿Recuerda los nombres de algunos de sus hijos?
  - ¿Cómo se llama su esposa?
  - ¿Dónde viven?
  - ¿Cuántos años tiene el esposo?

CAPÍTULO OCHO

HAY LUZ AL FINAL DEL TÚNEL

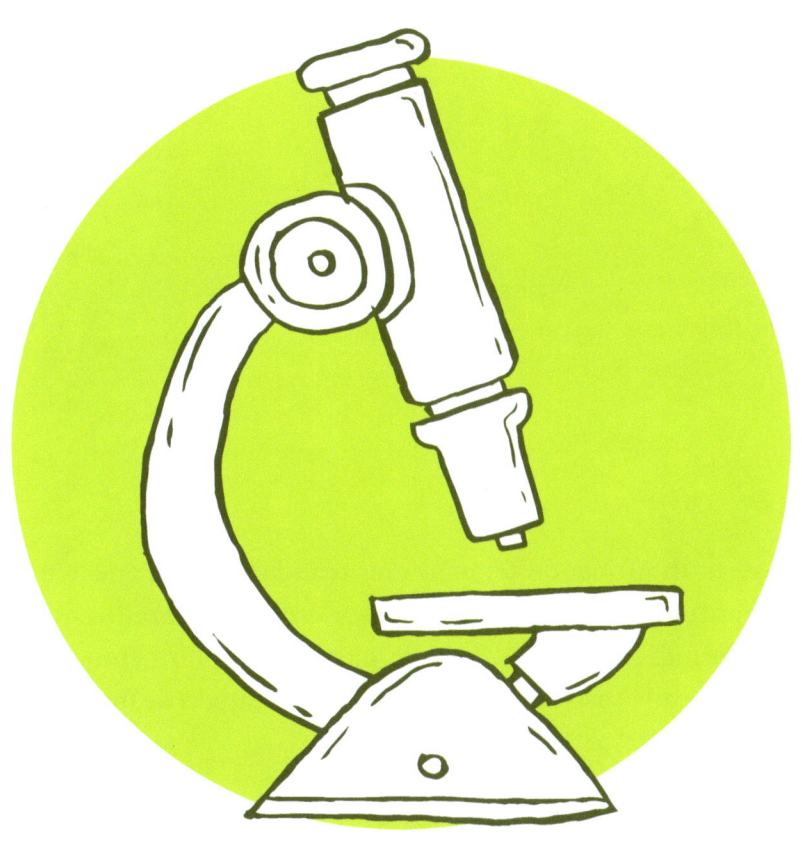

HAY LUZ AL FINAL DEL TÚNEL

Afortunadamente, en los últimos años se están produciendo avances significativos en diferentes áreas de la ciencia que directamente repercutirán en encontrar una forma de amortiguar y frenar los deterioros que produce la enfermedad de Alzheimer.

Por ejemplo, un grupo de científicos trabaja con un fármaco que reduce el nivel de placas de amiloides que precisamente se acumula en cantidades anormales en pacientes con Alzheimer.

También se están probando terapias con realidad virtual que ayudan en el proceso terapéutico con métodos más modernos y avanzados que facilitan la adaptación individualizada de cada paciente. Como hemos comentado anteriormente, cada caso es diferente y debe ser tratado de manera diferente y particular.

Cada vez está más claro que la forma de vencer a la EA es adelantarse a la enfermedad.
Los avances genéticos, farmacológicos y preventivos, repercutirán tarde o temprano de manera positiva en la lucha contra la EA.

BIBLIOGRAFÍA

BIBLIOGRAFIA

Arango Lasprilla, J. C., Fernández Guinea, S., & Ardila, A. (2003). *Las demencias: aspectos clínicos, neuropsicológicos y tratamiento*. Madrid: Manual Moderno.

Cassinello, M. D. Z., Mestre, L. T., & Fernández-Ballesteros, R. (2008). Plasticidad cognitiva en personas con la enfermedad de Alzheimer que reciben programas de estimulación cognitiva. *Psicothema, 20(3),* 432-437.

Fernández-Calvo, B., Rodríguez-Pérez, R., Contador, I., Rubio-Santorum, A., & Ramos, F. (2011). Eficacia del entrenamiento cognitivo basado en nuevas tecnologías en pacientes con demencia tipo Alzheimer. *Psicothema, 23*(1), 44-50.

Evans DA, Hebert LE, Beckett LA., Scherr PA, et al. (1997). Education and other measures of socioeconomic status and risk of incident Alzheimer disease in a defined population of older persons. Arch Neurol 1997 Nov; 54(11): 1399-405

Hernández Fleta, J., & Gutiérrez León, M. (2011). *Manual de actuación en la enfermedad de Alzheimer y otras Demencias.* Canarias: Gobierno de Canarias.

McKhann, G. M., Knopman, D. S., Chertkow, H., Hyman, B. T., Jack, C. R., Kawas, C. H., ... & Mohs, R. C. (2011). The diagnosis of dementia due to Alzheimer's disease: Recommendations from the National Institute on Aging-Alzheimer's Association workgroups on diagnostic guidelines for Alzheimer's disease. *Alzheimer's & dementia,* 7(3), 263-269.

Ochoa, E. F. (1996). *La enfermedad de Alzheimer.* Madrid: Santillana, S.A.

Ruiz Sánchez de León et al.(2011). Cuaderno de estimulación cognitiva. Centro de prevención del deterioro cognitivo. Instituto de Salud Pública. Ayuntamiento de Madrid.

Swaab, D. F. (1991). Brain aging and Alzheimer's disease,"wear and tear" versus "use it or lose it". *Neurobiology of aging, 12*(4), 317-324.

Teri, L., McCurry, S.M. y Logdson, R.G. (1997). Memory, thinking and aging. What we know about what we know. *Western Journal of Medicine, 167*, 269-275.